高等教育应用型会计类专业"十一五"规划系列教材

成本会计实训

主　编　姜海华　蒋明东

副主编　唐　艳　王韶华　吕均刚

华中科技大学出版社

内 容 简 介

本书是根据《成本会计》的基本理论和方法体系编写的配套实训用书。全书内容由三部分组成,第一部分介绍了成本会计实训的目标、任务、基本要求和考核方法;第二部分在简要介绍成本会计岗位的职责任务的基础上,集中回顾了成本核算的基本程序、基本方法(逐步结转分步法)和成本报表的理论知识;第三部分则根据案例企业——际华3542纺织有限公司实际发生的生产费用具体安排了直接材料费用、职工薪酬、其他费用分配、辅助生产费用归集与分配、制造费用的汇总与分配等单项实训,并在此基础上对生产费用在完工产品与期末在产品之间的划分、逐步结转分步法下的成本计算以及成本报表编制等进行了重点训练。

本书可作为应用型本科高等院校、高职高专及成人教育高等院校经济管理类专业实训教材,也可作为相关从业人员学习、训练用书。

高等教育应用型会计类专业"十一五"规划系列教材

编委会

主　任　田家富

副主任　李敬福　黄金火

编　委　郭德松　刘海燕　刘世青　叶叔昌
　　　　　李光富　胡　兵　方智勇　段艳玲

总　序

近年来,我国应用型人才的培养得到了长足的发展。作为一种全新的高等教育形式,毫无疑问,更加关注的是如何提高学生的动手能力和学以致用的能力。这一点和传统的以理论型教育为主的高等教育模式有着本质的区别。正因为如此,应用型本科院校和高等职业技术学院绝不能简单照搬、照套普通本科院校的现有的教学体系和教材体系,必须立足自己的人才培养模式,重新构建能够充分体现以职业能力培养为主要特征的全新教学体系、课程体系和教材体系。

应用型会计专业建设的基本指导思想就是树立"以服务为宗旨、以就业为导向、走'产学研'相结合的发展道路",培养"下得去、留得住、用得上"适应地方经济发展需要的高素质、应用型会计专业技术人才。提高学生对会计确认、计量、记录、报告的实践动手能力和现代化技术手段应用能力,基础理论以"必需、够用"为度,加强职业技能训练。在会计专业建设中,怎样落实和完善"产学研"相结合的人才培养模式、培养学生的实践动手能力是我们会计教育工作者长期思考的问题。我们认为,核心问题体现在以下几个方面,必须认真抓好:

● 必须以就业为导向,抓好会计专业的教学改革,认真做好行业调研和会计专业人才需求分析,科学合理地制定会计专业人才培养方案;

● 必须建立一支结构合理、素质较高的"双师型"教师队伍;

● 必须建立和完善校内模拟实训基地、校内生产性实训基地和校外实习基地;

● 必须科学合理地搭建"工学交替"的平台,真正实现应用型会计专业的"工学交替";

● 必须实行"双证书"教育制度;

● 必须加强课程建设和教材建设。

众所周知,会计专业是一门应用性很强的专业。作为一名会计专业的学生,其动手能力如何几乎成了评判其是否拥有真才实学、是否能在社会上立足和生存的重要标准。经过长期的教学实践和探索,我们发现,在完成会计专业的理论教学环节之后,下大力气对学生进行会计实践活动过程的模拟训练是将理论更好地联系实际、培养学生动手能力的一个非常有效的办法,是培养高级应用型人才的必由之路。

高质量的会计模拟实训必须有高质量的实训教材作为支撑。正是在这种指导思想下,从 2005 年开始,我们就和华中科技大学出版社一起共同商讨如何编写一套体系完整、内容翔实、质量上乘的会计系列教材。在经过无数次的论证之后,我们最终确认该套系列教材应该由《基础会计实训》、《财务会计分岗实训》、《财务会计综合实训》、《成本会计实训》、《财务管理实训》等 5 本实训教材和 7 本理论基础教材组成。

为了编好这套教材,我们组织了湖北省内数家很有影响的应用型本科院校和高职院校的 20 多位长期从事会计理论教学和会计实践工作的专家、教授,在充分把握会计专业人才培养方案、人才培养模式、课程建设和教材建设深刻内涵的基础上,分工编写了这套系列教材。在教材编写过程中,我们要求编写者必须坚持"从实践中来,到实践中去"的原则;要求所用的实训素材必须来源于社会实际生活并在此基础上进行浓缩、精简、合并、提炼,做到既来源于生活但又高于生活,从而达到理论和实践的完美结合。尽管我们在编写这套系列教材时付出了艰辛的努力,进行了不懈的探索,也取得了显著的成果,但需要我们进行改革的地方、要突破的地方和创新的地方还很多,加上时间仓促,我们深知本套教材不可避免地存在一些缺点和不足,因此热忱期待广大读者、诸位同行不吝指教,以便我们在将来做得更好!

田家富
2007 年 4 月

前　言

2006年的金秋十月，华中科技大学出版社诚挚邀请包括襄樊职业技术学院、宜昌职业技术学院、武汉船舶职业技术学院、湖北经济学院、武汉软件职业技术学院在内的几家在湖北省职业教育方面有着一定影响的院校的20多名长期从事财务会计教学、科研工作的专家、教授齐聚历史文化名城——襄阳，共商高职院校急需教材的编写大计。本次会议的主要成果就是大家一致认为应当立即着手编辑、出版一套适合目前应用型人才培养教学现状和特点的系列财务会计教材。本书即为这套系列教材之一。

在长期的会计教学和会计实践工作中，我深切感受到会计实践教学的重要性并为此作出了辛勤的探索，也取得了一定的成果。会计作为一门应用型学科，不但要求莘莘学子们具有扎实、系统的理论功底，还需要具备较强的动手能力，能够真正做到理论和实践的完美结合，从而达到职业教育的最高境界。

在公有制经济占主导地位的计划经济时代，可依靠强大的行政力量将为数不多的学生安排到工厂、商店等企业进行专业实习。但随着经济体制改革的深入，特别是近十几年来，随着大学扩招，高职院校的在校生人数日见增多，职业技术院校的学生面临专业实习困难的问题。

面对这种状况，为适应变化了的外部环境，各高职院校必须立即行动起来，抓紧进行财务会计专业实验、实训课程的建设工作。而高质量的实验、实训教材编写又是这项工作的重中之重。

承蒙大家的信任，我非常荣幸地承担了本书的主编工作。俗话说得好，"众人拾柴火焰高"。在编写本书的过程中，本人担任外部董事一职的企业——际华三五四二纺织有限公司（原襄樊三五四二纺织总厂）给了我巨大的支持。我的同事、朋友——际华三五四二纺织有限公司总会计师王为夏先生、财务部负责成本核算工作的杨小波同志不但给我提供了本书中所需的全部原始素材，而且还参与了本书的编写、讨论工作。正是由于他们的加入和辛勤的劳动，才使得这部教材得以顺利完成并具有自己的鲜明特色。

初稿完成后,我的同事吕均刚同志对书稿进行了整理,仔细地进行了校对、计算、复核工作。

本书主要供应用型本科院校、高职院校的学生在校内进行专业模拟训练时使用。在职会计人员读后也会有所收获。

会计实训教材的编写工作是一项无法呆在书房里闭门造车的苦差事,要完成它既劳神也费心。尽管我已经拼尽全力,但由于能力有限,所以肯定存在一些不足之处。读者、专家、同行若能不吝赐教,我将不甚感激!

姜海华

2007 年 3 月 30 日

目　录

第一章　实训的目标、任务、要求与考核 ……………………………………（1）
一、成本会计实训的目标 …………………………………………………（1）
二、实训的基本任务 ………………………………………………………（1）
三、成本会计实训的一般要求 ……………………………………………（1）
四、实训的考核 ……………………………………………………………（2）
五、考核及评分标准 ………………………………………………………（2）

第二章　成本费用会计核算工作概述 …………………………………………（3）
一、成本费用会计岗位职责 ………………………………………………（3）
二、成本会计的任务 ………………………………………………………（3）
三、生产费用要素核算 ……………………………………………………（3）
四、成本核算基本程序 ……………………………………………………（6）
五、逐步结转分步法——综合结转法 ……………………………………（8）
六、成本报表 ………………………………………………………………（9）

第三章　实训案例企业——际华三五四二纺织有限公司 …………………（11）
一、企业概况 ………………………………………………………………（11）
二、公司生产的主要特点 …………………………………………………（11）
三、主要产品的具体工艺线路 ……………………………………………（12）
四、与成本核算有关的会计政策 …………………………………………（13）

第四章　生产费用要素实训 ……………………………………………………（17）
实训一　直接材料费用实训 ………………………………………………（17）
实训二　职工薪酬——工资实训 …………………………………………（43）
实训三　其他费用分配实训 ………………………………………………（59）
实训四　辅助生产费用归集与分配实训 …………………………………（83）
实训五　制造费用实训 ……………………………………………………（97）

第五章　产品成本计算方法实训 ………………………………………………（103）

实训一　生产费用在完工产品与在产品之间的分配……………………（103）
实训二　逐步结转分步法——综合结转法实训………………………（109）
第六章　成本报表编制实训……………………………………………（117）

第一章 实训的目标、任务、要求与考核

一、成本会计实训的目标

成本会计实训是学生在完成成本会计课程后的一项操作技能综合训练。通过会计模拟实习,进一步加深对成本会计的基本理论、基本方法的理解;掌握成本会计的基本理论和基本核算方法,全面培养独立开展成本核算的工作能力和成本管理能力。

成本会计实训是成本会计课堂教学的继续,也是会计岗位工作的演习。具体来说主要有:通过成本会计实训教学和模拟训练,学生可了解成本核算岗位的设置情况和相应的岗位职责,全面了解企业成本核算的业务流程,掌握成本计算的基本方法。

二、实训的基本任务

参加模拟训练的每一位学生必须把案例企业在一定时期内发生的、与产品成本核算有关的交易和事项按成本会计岗位实际工作的要求,独立、完整地完成全部核算工作并形成实训成果。

三、成本会计实训的一般要求

① 在进行实训时,必须正确理解诸如"领料单"等与产品成本核算有关的原始凭证所反映的经济业务的准确含义,认真思考并确认无误后方可进行会计处理。

② 由于会计实训相当于会计实际核算过程,因此必须按照会计核算的具体要求,高质量地完成原始凭证的审核、记账凭证的填制、与成本核算有关的会计账簿的登记、成本报表的编制等一系列工作。

③ 实训所需的各种记账凭证、会计账簿和成本报表的格式设计和使用要严格遵循国家统一会计制度的规定并填写清楚、完整。

④ 在填制会计凭证、登记账簿和编制会计报表时应当严格按照《会计基础工

作规范》的要求来进行,书写时除按规定必须使用红墨水书写外,所有文字、数字的书写都必须使用蓝(黑)墨水,不准使用铅笔和圆珠笔(复写凭证除外)。

⑤ 在实训过程中,如果出现账务处理错误,应当按照《会计基础工作规范》中规定的方法进行更正,不得任意涂改、刮擦和挖补。

⑥ 与会计实训相关的文字、数字的书写要规范、整洁。

四、实训的考核

考核分日常考核和训练成绩考核两部分。

① 日常考核主要考核参训学生的课堂纪律、日常训练工作的完成情况以及综合协调能力等。

② 训练成绩考核主要是对学生完成的实训成果进行评价。

五、考核及评分标准

考核成绩分优秀、良好、及格和不及格四个等级,单独计入学生的学习成绩。

(一)日常考核内容、方式、标准(40分)

具体应当包括以下几个方面。

① 学生实训纪律情况:迟到或早退一次扣2分,旷课一节扣5分,旷课三天则实训成绩不及格。

② 学生实训的成本核算过程的完成及完整情况。

③ 学生实训总结情况:按时、高质量完成实训总结给10分。

(二)训练成绩考核标准(60分)

① 开设"基本生产成本"总账及明细账,并登记期初余额;

② 与"直接材料"项目相关的原始凭证的填制、审核、汇总与分配;

③ 与"直接人工"项目相关的原始凭证的填制、审核、汇总与分配;

④ 与"直接燃料动力"项目相关的原始凭证的填制、审核、汇总与分配;

⑤ "辅助生产成本"总账及明细账的设置、登记、汇总与分配;

⑥ 与"制造费用"项目相关的原始凭证的填制、审核、汇总与分配;

⑦ 完工产品成本及期末在产品成本结果的计算结果正确无误。

第二章 成本费用会计核算工作概述

一、成本费用会计岗位职责

① 拟定成本核算办法；
② 制定成本费用计划；
③ 负责成本管理基础工作；
④ 核算产品成本和期间费用；
⑤ 编制成本费用报表并进行分析；
⑥ 协助管理在产品和自制半成品。

二、成本会计的任务

① 对企业发生的各项费用进行审核、控制，制止各种浪费和损失，以节约费用开支、降低成本水平；
② 核算各种生产费用、经营管理费用和产品成本，为企业生产经营管理提供所需的成本、费用数据信息；
③ 分析各项消耗定额和成本计划的执行情况，进一步挖掘节约费用、降低成本的潜力；
④ 建立成本责任制度，加强成本考核、评价工作。

三、生产费用要素核算

(一)材料费用的核算

1. 材料的分类
材料可分为原料及主要材料、辅助材料、外购半成品、燃料、修理用备件、包装物、低值易耗品等。

2. 材料费用分配原则
材料费用分配原则为谁领用谁负担，单独耗用直接计入，共同耗用分配以后计入。

3. 分配标准的确定原则

合理,即所选择的分配标准与所应分配的费用大小有密切联系;简便,即作为分配标准的资料要容易取得。

4. 材料费用分配的标准类型

① 成果类,如产品的重量、体积、面积、数量等;

② 消耗类,如生产工时、机器工时等;

③ 定额类,如定额消耗量、定额成本等。

材料费用分配程序如图 2-1 所示。

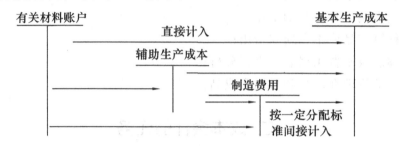

图 2-1　材料费用分配程序

(二)外购动力费用的核算

外购动力费用的具体内容包括外购电力费、蒸汽费等。

在有仪表计量的情况下,应根据仪表所示耗用数量及单价计算分配所耗的外购动力费;无仪表的情况下,可按生产工时比例、定额消耗量比例、机器功率时数比例分配外购动力费。

(三)职工薪酬的核算

职工薪酬是指企业为获得职工提供的服务而给予各种形式的报酬以及其他相关支出。职工薪酬具体包括:

① 职工工资、奖金、津贴和补贴;

② 职工福利费;

③ 医疗保险费、养老保险费、失业保险费、工伤保险费和生育保险费等社会保险费;

④ 住房公积金;

⑤ 工会经费和职工教育经费;

⑥ 非货币性福利;

⑦ 因解除与职工的劳动关系给予的补偿；
⑧ 其他与获得职工提供的服务相关的支出。

职工薪酬的核算原始记录包括工资卡、考勤记录（计时工资计算依据），产量记录（计件工资计算的依据）。

职工薪酬费用分配原则如下。

根据职工所从事的工作和所在的岗位不同，分别将职工薪酬计入有关成本、费用账户。其中，生产工人的工资应记入"基本生产成本"账户的"直接人工"成本项目；车间管理人员工资记入"制造费用"账户；辅助生产部门的工资记入"辅助生产成本"账户。通俗地讲，就是"人在哪里工作，薪酬由谁承担！"

职工薪酬分配方法如下。

① 生产工人工资中的计件工资属直接人工费用，应直接计入相关产品成本明细账；

② 计时工资及其他获酬一般属间接人工费用，应在各受益产品之间进行分配。

职工薪酬分配程序如图 2-2 所示。

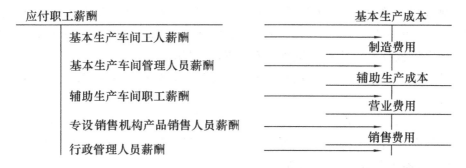

图 2-2 职工薪酬分配程序

（四）辅助生产费用的核算

辅助生产费用核算的特点如下。

① 辅助生产费用核算包括辅助生产费用的归集和分配的核算。辅助生产费用按车间以及产品和劳务类别归集的过程，也就是辅助生产产品和劳务成本计算的过程。

② 辅助生产费用的分配是指按照一定的标准和方法，将辅助生产费用分配到各受益单位或产品上的过程。"先归集，后分配"。归集是为分配作准备。

③ 为简化核算，辅助生产车间的制造费用可不通过"制造费用——辅助生产"账户单独归集，而直接记入"辅助生产成本"账户。（"辅助生产成本"明细账按费用项目设专栏。）

辅助生产提供的劳务作业，如供水、供电、修理和运输等，其发生的辅助生产费用通常于月末在各受益单位之间按一定的标准和方法进行分配后，从"辅助生产成本"账户的贷方转入"基本生产成本"、"制造费用"、"管理费用"、"销售费用"、"在建工程"等账户的借方。

辅助生产费用的分配方法通常有：直接分配法、交互分配法、代数分配法和计划成本分配法。

(五)制造费用(其他费用)的核算

制造费用是指企业生产车间(分厂)为生产产品和提供劳务而发生的各项间接费用，具体如下。

间接材料费：各生产单位(分厂、车间)耗用的一般性消耗材料的费用。

间接职工薪酬：各生产单位(分厂、车间)除生产工人以外的管理人员及其他人员的工资及福利费等。

其他制造费用：折旧费、水电费、办公费、差旅费、财产保险费、报刊费等。

"制造费用"账户一般按生产车间设置明细账，账内按费用项目设专栏进行明细核算。如果辅助生产车间的制造费用不通过"制造费用"账户核算，则"制造费用"账户仅核算基本生产车间所发生的间接费用。

在生产一种产品的车间，制造费用是直接计入费用，应直接计入该种产品生产成本；

在生产多种产品的车间，制造费用是间接计入费用，应采用适当的分配方法，计入该车间各种产品的生产成本。具体分配方法有：生产工人工时、生产工人工资或机器工时比例分配法等。

制造费用分配程序如图 2-3 所示。

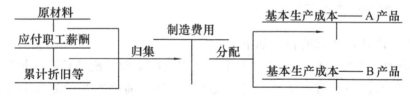

图 2-3　制造费用分配程序

四、成本核算基本程序

成本核算账务处理基本流程(用丁字账户表示)如图 2-4 所示。

成本核算全过程基本流程用账表表示时如图 2-5 所示。

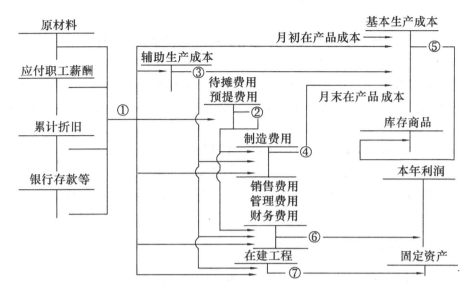

图 2-4 用丁字账户表示的成本核算账务处理基本流程

说明：① 分配各种生产经营管理费用和非生产经营管理费用；
② 摊销和预提本月成本、费用；
③ 分配辅助生产费用；
④ 分配制造费用；
⑤ 结转产成品成本；
⑥ 结转销售、管理、财务、费用；
⑦ 结转应计入固定资产价值的在建工程成本。

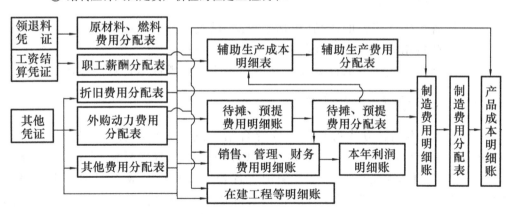

图 2-5 用账表表示的成本核算基本流程

从上图可以看出，成本会计核算中各项费用要素的分配原则是：谁耗用谁负担，单独耗用直接计入，共同耗用分配以后计入。

五、逐步结转分步法——综合结转法

逐步结转分步法是为了计算半成品成本而采用的一种分步法,也称之为计算半成品成本分步法。主要适用于大量、大批的多步骤生产,如纺织、冶金、造纸等。

在大量、大批的多步骤生产企业中,产品制造要经过若干生产步骤,前面各步骤生产的都是半成品,只有最后步骤生产的才是产成品。

为加强成本管理,往往不仅要计算各种产成品成本,而且要求计算各步骤半成品成本。

(一)综合结转法的主要特点

① 成本计算的对象为各种产品及其所经过的生产步骤。

产品成本明细账应按照每种产品的各个生产步骤开设。实际工作中,成本计算的各步骤与实际的生产步骤并非完全一致。

② 在半成品通过仓库进行收发时,应当编制结转半成品成本的会计分录:验收入库时,借记"自制半成品"科目,贷记"基本生产成本"科目。下一步骤领用时,则做出相反的会计分录。

③ 一般需要进行生产费用在完工产品与在产品之间的分配。

(二)计算的一般程序

① 按各个生产步骤的产品(包括半成品)设置产品成本明细账;
② 生产费用的归集和分配与品种法基本一致;
③ 最终产成品成本的计算建立在前面各生产步骤成本计算的基础之上。

(三)半成品成本结转方式

半成品成本结转方式可具体分为综合结转法与分项结转法。其中,综合结转法是将各加工步骤所耗上一步骤的半成品成本不分直接材料、直接人工、制造费用等成本项目,而是以一个总金额记入各相应步骤产品成本明细账中专设的"半成品"或"直接材料"成本项目,有按实际成本综合结转和按计划成本综合结转两种方式。

(四)综合结转法的优缺点

优点:可在各生产步骤的产品成本明细账中反映各相应步骤完工产品所耗

半成品费用的水平和本步骤加工费用的水平,有利于各生产步骤的成本管理。

缺点:为了从整个企业的角度反映产品成本的构成,加强企业综合的成本管理,必须进行成本还原,从而须增加核算工作量。

(五)逐步结转分步法计算程序

逐步结转分步法下半成品成本累积过程如图2-6所示。

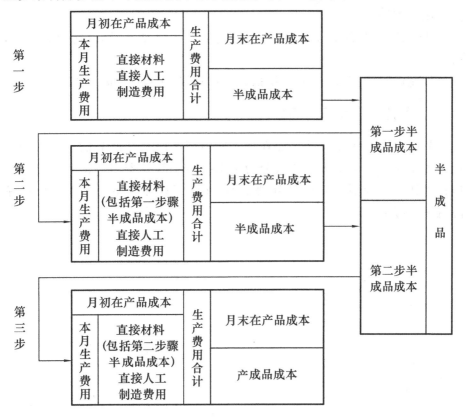

图2-6 逐步结转分步法计算程序

六、成本报表

(一)概念

成本报表是根据产品成本和期间费用的核算资料以及其他有关资料编制的,用来反映企业一定时期产品成本和期间费用水平及其构成情况的报告文件。

成本报表不是对外报送的会计报表,属于企业内部报表。

（二）种类

按反映的内容划分，成本报表可分为以下几种。

① 反映成本计划情况的报表，一般包括产品生产成本表、主要产品单位成本表、制造费用明细表。

② 反映费用支出情况的报表，一般包括销售费用明细表、管理费用明细表和财务费用明细表。

③ 反映生产经营情况的报表，一般包括生产情况表、材料耗用表、材料差异分析表等。

按编制的时间划分，可分为年报、季报、月报、旬报、周报、日报。

（三）产品生产成本表的结构

产品生产成本表是反映企业在报告期内生产的全部产品的总成本和各种主要产品的单位成本的报表。该表分为基本报表和补充资料两部分。基本报表部分应按可比产品和不可比产品分别填列；补充资料部分主要反映可比产品成本的降低额和降低率。

第三章 实训案例企业
——际华三五四二纺织有限公司

一、企业概况

际华三五四二纺织有限公司(原襄樊三五四二纺织总厂)创建于1987年,1990年投产,1992年通过原湖北省纺织工业总公司组织的工程竣工验收和棉纺织企业生产水平达标验收,是全军"八五"期间重点投资兴建的大型纺织服装联合企业,原隶属于中国人民解放军总后勤部军需生产部,2001年10月隶属于国务院国资委直属的新兴铸管集团有限公司,2006年7月新兴铸管集团有限责任公司根据自身发展战略需要,成立了际华轻工有限公司,并将工厂划转际华轻工有限公司管理。

2006年11月,根据上级关于企业改制的要求和批复,襄樊三五四二纺织总厂改制为际华三五四二纺织有限公司,公司注册资本人民币1亿元。

公司位于湖北省襄樊市樊城区人民西路140号,占地面积535.65亩(35.71万平方米),拥有棉纺锭12.7万枚(含8万锭精梳能力),布机971台(其中宽幅喷气织机459台、剑杆织机88台)。年生产棉纱3万吨,坯布9 000万米。年均销售收入5亿元,利税5 000万元。主要从事各类纯棉及混纺棉纱、坯布、服装、家纺制品的生产、销售。

公司基本账户开户行　中国工商银行湖北省襄樊市科技支行
账号　180400400423933
公司被税务机关核定为增值税一般纳税人。
纳税识别号　420606179314682
主管税务机关　湖北省襄樊市樊城区国家税务局

二、公司生产的主要特点

(一)生产组织

原材料(主要是各等级原棉)一次投入,对原材料进行多工序加工,不断制成产品。

(二)生产工艺

公司最终产品需由纺纱和织布两道工序依次完成。首先对棉花进行加工制成棉纱,然后再织成棉布。

(三)主要产品

该企业的主要产品分为两大系列,共计4种产品。具体如下。

棉纱(2种):规格分别为纬纱、经纱。

棉布(2种):规格分别为:经纱/纬纱 100,经纱/纬纱 130。

棉布由经纱和纬纱交织而成,产品规格中的"100"和"130"分别表示幅宽为 100 cm 和 130 cm。

三、主要产品的具体工艺线路

(一)纺纱车间的工艺线路

纺纱车间的主要任务是将棉花经过多工序加工制成棉纱。际华三五四二纺织有限公司的纺纱车间共有两个:前纺车间和后纺车间。

前纺车间的主要工艺是:清花、梳棉、精梳、并条、粗纱。

后纺车间的主要工艺是:细纱、络筒。

纺纱车间的具体工艺流程可用图 3-1 表示。

图 3-1 纺纱车间的工艺流程

(二)织布车间工艺线路

织布车间的主要任务是将棉纱经过多工序加工制成棉布。际华三五四二纺织有限公司织布车间共有三个:准备车间、布机车间和整理车间。

准备车间的主要工艺是:整经、浆纱、穿箝。

布机车间的主要工艺是:织布。

整理车间的主要工艺是:验布、修布。

织布车间的具体工艺流程可用图 3-2 表示。

整经 ── 浆纱 ── 穿箱 ── 织布 ── 整理 ── 棉布

图 3-2 织布车间的工艺流程

四、与成本核算有关的会计政策

(一)生产车间的分类及设置

基本生产车间共有 5 个,具体如下。
纺纱车间:前纺车间、后纺车间。
织布车间:准备车间、布机车间(织布)、整理车间(验布、修布)。
在本次实际训练中,考虑到时间和工作量的因素,我们决定将其简化,合并为纺纱、织布两个基本生产车间。
辅助生产车间共有 4 个,具体如下。
供电车间、供水车间、供气车间和维修车间。
上述辅助生产车间均不直接生产、提供相关产品和劳务,而是利用社会化大生产的优势和便利从公开市场上购买后再进行转供(如自来水、电力等),以节约成本开支。
在本次实际训练中,我们只将供电车间、供水车间、供气车间三个辅助生产车间的成本核算过程加以列示。

(二)成本费用的归集与分配原则

① 属于基本生产车间发生的直接材料、直接人工等费用直接计入相应的"产品成本明细账"(产品成本计算单)中的对应项目。

② 属于企业辅助生产车间为生产产品提供的动力等直接费用,先在"辅助生产成本"明细科目汇总、核算后,再采用"直接分配法"分配转入"基本生产成本——燃料动力"科目中。

③ 其他间接费用先在"制造费用"科目汇集。月度终了,将所有费用按一定的分配标准分配计入有关的产品成本明细账中。

④ 各项费用的分配采用定额费用比率法分摊,其中定额成本依据"棉纺织产品定额成本计算办法"(中国纺织行业协会 2000 年版)计算。其计算方法为:

费用分配率 = 实际费用总额 $/\sum$(各个品种产量 × 各个品种费用单位定额)

⑤ 材料、自制半成品、产成品等存货均按实际成本计价核算,发出时采用月

末一次加权平均法计算发出成本。

(三)固定资产折旧

固定资产折旧采用直线法。

公司固定资产按分类折旧率计提折旧,月折旧率为 1.5‰～6.4‰不等。

(四)职工薪酬

生产一线工人实行个人计件工资制度、车间管理人员及公司管理部门实行岗位、效益工资制度。

(五)会计核算体制

公司实行厂部一级核算制度。

(六)产品成本计算方法

根据公司生产组织、生产工艺和生产规模的特点,公司选用综合结转分步法计算产品成本,月末不要求进行成本还原。

具体来说就是分纺纱和织布两步顺序地计算每一生产步骤的半成品成本,并将上一生产步骤的半成品成本转入下一生产步骤计算表的"自制半成品"项目栏内,计算出产成品成本。成本核算按实际数量、实际消耗、实际价格计算的原则,反映实际成本。

(七)成本项目的设置

企业发生的各项生产费用按成本核算对象和成本项目分别归集。根据公司的具体情况,在"产品成本计算单"中设置 5 个成本项目,即"主要材料(自制半成品)"、"辅助材料"、"燃料动力"、"直接人工"、"制造费用"。

(八)相关账户的设置

1. 基本生产成本账户体系

基本生产成本账户按生产步骤(纺纱车间、织布车间)或产品名称设二级账,二级明细账中再设置 5 个成本项目:主要材料、辅助材料、燃料动力、直接人工、制造费用。即如下所示。

2. 辅助生产成本账户体系

"辅助生产成本"账户下设供电、供水、供气 3 个二级账,二级明细账中再具体

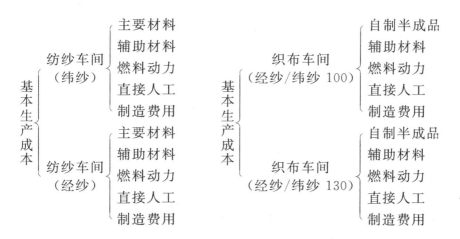

设置4个成本项目:外购材料、其他材料、直接人工、制造费用。

(九)生产费用的计算与处理方法

1. 原材料费用的归集和分配

原材料费用的计算公式为:

本期消耗原材料成本 = 本期消耗数量 × 本期消耗原材料单价

本期消耗原材料单价 =(期初数量×期初原材料单价+本期投入数量×本期投入原材料单价)/(期初数量+本期投入数量)

2. 直接人工的归集和分配

直接人工包括工资和其他日常薪酬,职工薪酬按照各单位的实际发生列支,然后按照定额法分摊到各个产品。计算公式为:

分配率 = 实际费用总额 /∑(各产品产量×各产品单位职工薪酬定额)

人工成本 = 分配率×(某产品产量×该产品单位职工薪酬定额)

(十)产品成本各项费用单位定额标准

产品名称		单位	单位包装材料定额	单位浆材料定额	单位职工薪酬定额	单位燃料动力定额	制造费用单位定额
棉纱	经纱	元/吨	200.00		1 887.21	4 407.15	4 027.51
	纬纱	元/吨	200.00		1 418.04	3 145.23	2 959.74
棉布	经纱/纬纱 100	元/百米	3.26	38.75	78.53	108.54	278.63
	经纱/纬纱 130	元/百米	4.05	54.16	100.64	138.74	315.56

(十一)期初在产品成本及产量记录

1. 纺纱车间

棉纱纬纱：

期初在产品数量为 82 475 千克，单位成本 11.68 元/千克；

本期投入原材料 209 848 千克；

期末在产品数量为 82 935 千克；

完工产品产量为 200 678 千克。

棉纱经纱：

期初在产品数量为 172 200 千克，期初 10.50 元/千克；

本期投入原材料 438 146 千克；

期末在产品数量为 173 161 千克；

完工产品数量为 619 678 千克。

2. 织布车间

棉布的期初在产品数量及成本、本期投入主要材料成本、期末在产品数量如表 3-1 所示。

表 3-1

产品名称	完工产品产量/米	原料名称	期初结存			本期投入			期末结存
			数量/千克	单价/(元/千克)	金额/元	数量/千克	单价/(元/千克)	金额/元	数量/千克
棉布经纱/纬纱 100	1 200 000	经纱	73 800	22.00	1 623 600	95 000	22.87	2 172 650	35 000
		纬纱	36 520	23.00	839 960.00	215 000	23.91	5 140 650	79 000
小计			110 320		2 463 560.00	310 000		7 313 300.00	114 000
棉布经纱/纬纱 130	1 450 000	经纱	77 600	22.00	1 707 200	105 678	22.87	2 416 443.00	39 000
		纬纱	32 629	23.00	750 467.00	204 000	23.90	4 875 890.00	77 154
小计			110 229		2 457 667.00	309 678		7 292 333.00	116 154

注：①产量是指织布车间的棉布产量；

②期初数量是指上期的期末结存数量；

③期末结存数量是由织布车间实地盘点得来的；

④本期消耗数量＝期初数量＋本期投入量－期末数量。

(十二)期末在产品成本的计算方法

期末在产品成本计算方法采用直接材料法，即月末在产品只按其直接材料成本(主要材料)计算，辅助材料、直接人工、燃料动力和制造费用等全部计入当月完工产品成本。

第四章 生产费用要素实训

实训一 直接材料费用实训

(一)实训目的

通过本次实训,学生要熟练掌握材料费用的发生、汇集、分配的具体程序和步骤,特别是要掌握将直接材料费用计入产品成本的方法。

(二)生产费用要素实训原始资料

际华三五四二纺织有限公司2005年6月的原料及辅助材料领用、消耗情况如下。

1. 纺纱车间

(1)主要材料消耗

① 纬纱棉纱。

为生产纬纱棉纱,本期共领用"137级"、"229级"、"329级"等三种等级原棉209 848.00千克,详见"主要原材料领料单"001~004号。

主要原材料领料单

领料部门:纺纱车间　　　　　　2005年6月1日　　　　　　　　　序号:001

产品	产地	等级	批号	单位	包数	净重	公定质量	单价(元)	金额(元)
纬纱	新疆	137	20050009	千克	15	1 259.35	1 299.88	18.37	
	河南	137	20050010	千克	13	1 095.33	1 135.62	18.37	
	山东	229	20050412	千克	20	1 633.27	1 689.73	11.26	
	甘肃	229	20050413	千克	30	2 454.04	2 558.61	11.26	
	河北	329	20050387	千克	11	880.40	869.18	10.76	
	湖北	329	20050392	千克	13	1 070.69	1 076.38	10.76	
…	…	…	…	…	…	…	…	…	
合 计				千克	582	47 889.98	49 238.40	15.67	

车间主管:刘云飞　　　　　　保管员:董武　　　　　　　　领料人:李文英

注:公定质量是净重排除水分和杂质后折算而成的,其值可能比净重高,可能比净重低。在纺织行业中,主要原材料数量的计量一般是以"公定质量"作为依据。

主要原材料领料单

领料部门：纺纱车间　　　　　　2005年6月8日　　　　　　　　　序号：002

产品	产地	等级	批号	单位	包数	净重	公定质量	单价(元)	金额(元)
纬纱	新疆	229	20050375	千克	15	1 220.93	1 271.55	11.26	
	湖北	229	20050404	千克	30	2 445.98	2 525.98	11.26	
	河南	229	20050405	千克	18	1 490.33	1 535.91	11.26	
	湖南	229	20050411	千克	37	3 016.77	3 128.30	11.26	
	山东	229	20050412	千克	73	5 961.43	6 167.52	11.26	
	河北	229	20050413	千克	40	3 272.06	3 411.49	11.26	
	新疆	229	20050414	千克	32	2 655.50	2 770.40	11.26	
	…	…	…	…	…	…	…	…	
合　　计				千克	1 396	114 558.55	118 101.60	11.26	

车间主管：刘云飞　　　　　　保管员：董武　　　　　　领料人：李文英

主要原材料领料单

领料部门：纺纱车间　　　　　　2005年6月20日　　　　　　　　序号：003

产品	产地	等级	批号	单位	包数	净重	公定质量	单价(元)	金额(元)
纬纱	新疆	137	20050009	千克	8	671.65	693.27	18.37	
	河南	137	20050010	千克	6	505.54	524.13	18.37	
	山东	229	20050412	千克	26	2 123.25	2 196.65	11.26	
	甘肃	229	20050413	千克	18	1 472.43	1 535.17	11.26	
	河北	329	20050387	千克	5	400.18	395.08	10.76	
	湖北	329	20050392	千克	4	329.44	331.20	10.76	
	…	…	…	…	…	…	…	…	
合　　计				千克	382	31 347.68	32 317.20	15.34	

车间主管：刘云飞　　　　　　保管员：董武　　　　　　领料人：李文英

主要原材料领料单

领料部门:纺纱车间　　　　　　2005年6月25日　　　　　　　　　　序号:004

产品	产地	等级	批号	单位	包数	净重	公定质量	单价(元)	金额(元)
纬纱	新疆	229	20050375	千克	2	162.79	169.54	11.26	
	湖北	229	20050404	千克	24	1 956.78	2 020.78	11.26	
	河南	229	20050405	千克	27	2 256.03	2 301.63	11.26	
	湖南	229	20050411	千克	14	1 141.48	1 183.68	11.26	
	山东	229	20050412	千克	25	2 061.00	2 109.10	11.26	
	河北	229	20050413	千克	14	1 145.22	1 194.02	11.26	
	新疆	229	20050414	千克	14	1 161.78	1 212.05	11.26	
…	…	…	…	…	…	…	…	…	
合　　计				千克	120	9 885.08	10 190.80	11.26	

车间主管:刘云飞　　　　　　保管员:董武　　　　　　　　　领料人:李文英

② 经纱棉纱。

为生产经纱棉纱,本期共领用"329级"、"429级"等两种等级原棉438 146.00千克,详见"主要原材料领料单"005～006号。

主要原材料领料单

领料部门:纺纱车间　　　　　　2005年6月3日　　　　　　　　　　序号:005

产品	产地	等级	批号	单位	包数	净重	公定质量	单价(元)	金额(元)
经纱	湖北枣阳	329	20050387	千克	5	400.18	395.08	13.50	
	湖北潜江	329	20050392	千克	6	494.17	496.79	13.50	
	湖北潜江	329	20050393	千克	9	741.24	748.71	13.50	
	湖北公安	329	20050397	千克	7	593.59	594.31	13.50	
	湖北宜城	329	20050401	千克	13	1 124.22	1 133.35	13.50	
	襄阳王河	329	20050406	千克	14	1 178.11	1 198.45	13.50	
	…	…	…	…	…	…	…	…	
合　　计				千克	1 242	104 263.76	105 073.20	13.50	

车间主管:刘云飞　　　　　　保管员:董武　　　　　　　　　领料人:李文英

主要原材料领料单

领料部门:纺纱车间　　　　　　2005年6月13日　　　　　　　　序号:006

产品	产地	等级	批号	单位	包数	净重	公定质量	单价(元)	金额(元)
经纱	湖北枣阳	329	20050387	千克	2	160.07	158.03	13.50	
	湖北潜江	329	20050392	千克	4	329.44	331.20	13.50	
	湖北潜江	329	20050393	千克	7	576.52	582.33	13.50	
	湖北公安	329	20050397	千克	3	254.40	254.70	13.50	
	湖南桃源	429	20050003	千克	68	5 979.05	6 027.02	13.50	
	湖北京山	429	20050015	千克	86	6 498.11	6 593.34	13.50	
	…	…	…	…	…	…	…	…	
	合　　计			千克	3 937	329 513.90	333 072.80	13.50	

车间主管:刘云飞　　　　　　保管员:董武　　　　　　　　领料人:李文英

(2) 辅助材料消耗

辅助材料领料单

日期:2005年6月1日　　　　　　　　　　　　　　　　　序号:003

领料部门:纺纱车间			用途:棉纱包装		
物资名称	规格型号	单位	数量	单价(元)	金额(元)
内膜袋	1#	个	15 000	0.014	210.00
编织袋	1#	条	1 000	1.71	1 710.00
纸管	1#	个	15 000	0.21	3 150.00
合　　计					5 070.00

车间主管:李军　　　　　　发料人:李兰　　　　　　　　领料人:王天军

(3) 其他材料消耗

其他材料领料单

日期:2005年6月1日　　　　　　　　　　　　　　　序号:006

领料部门:纺纱车间			用途:机物料消耗及设备维修消耗		
物资名称	规格型号	单位	数量	单价(元)	金额(元)
胶圈	637×28×0.9	个	50 000	0.42	21 000.00
轴承	SL-6819A	个	7 000	4.71	32 970.00
汽油	90#	升	600	3.39	2 034.00
合　计					56 004.00

车间主管:李军　　　　　发料人:李彩虹　　　　　领料人:刘大功

2. 织布车间

(1) 辅助材料消耗

辅助材料领料单

日期:2005年6月1日　　　　　　　　　　　　　　　序号:004

领料部门:织布车间			用途:棉布包装		
物资名称	规格型号	单位	数量	单价(元)	金额(元)
包套	2#	个	8 000	7.50	60 000.00
麻绳		千克	2 500	6.84	17 100.00
缝包线		千克	10 000	0.16	1 600.00
合　计					78 700.00

车间主管:王波　　　　　发料人:李兰　　　　　领料人:王天军

辅助材料领料单

日期:2005年6月1日　　　　　　　　　　　　　　　序号:005

领料部门:织布车间			用途:浆纱		
物资名称	规格型号	单位	数量	单价(元)	金额(元)
浆料	淀粉	千克	500	1.75	875.00
浆料	HB402	千克	1 500	17.95	26 925.00
合　计					27 800.00

车间主管:张军　　　　　发料人:李彩虹　　　　　领料人:刘文章

(2) 其他材料消耗

其他材料领料单

日期:2005 年 6 月 1 日　　　　　　　　　　　　　序号:007

领料部门:织布车间			用途:机物料消耗及设备维修消耗		
物资名称	规格型号	单位	数量	单价(元)	金额(元)
钢筘	75#	片	50	205.10	10 255.00
棕丝	6#	支	60 000	0.66	39 600.00
轴承	203#	套	800	7.69	6 152.00
汽油	90#	升	500	3.39	1 695.00
合　　计					57 702.00

车间主管:张军　　　　　　发料人:李彩虹　　　　　　领料人:刘文章

3. 辅助生产车间

据统计,供电、供水、供气车间本月分别领用 7 468.57 元、831.57 元、4 297.92 元其他材料(其他材料领料单同"其他材料领料单",省略)。

(三)实训程序

① 开设"基本生产成本"、"辅助生产成本"、"制造费用"总账(3 个);
② 开设"基本生产成本"明细账(4 个);

基本生产成本明细账-1

车间:纺纱车间　　　　　产品名称:纬纱　　　　　　　　单位:元

年		凭证号数	摘要	主要材料	辅助材料	燃料动力	直接人工	制造费用	合计
月	日								

基本生产成本明细账-2

车间:纺纱车间　　　　　产品名称:经纱　　　　　单位:元

年		凭证号数	摘要	主要材料	辅助材料	燃料动力	直接人工	制造费用	合　计
月	日								

基本生产成本明细账-3

车间:织布车间　　　　　产品名称:经纱/纬纱 100　　　　　单位:元

年		凭证号数	摘要	自制半成品	辅助材料	燃料动力	直接人工	制造费用	合　计
月	日								

基本生产成本明细账-4

车间:织布车间　　　　　产品名称:经纱/纬纱130　　　　　单位:元

年		凭证号数	摘要	自制半成品	辅助材料	燃料动力	直接人工	制造费用	合 计
月	日								

③ 开设"辅助生产成本"明细账(3个);

辅助生产成本明细账-1

车间:供电车间　　　　　　　　　　　　　　　　　　单位:元

年		凭证号数	摘要	外购材料	其他材料	直接人工	制造费用	合 计
月	日							

辅助生产成本明细账-2

车间:供水车间　　　　　　　　　　　　　　　　　　　　　　　单位:元

年		凭证号数	摘要	外购材料	其他材料	直接人工	制造费用	合 计
月	日							

辅助生产成本明细账-3

车间:供气车间　　　　　　　　　　　　　　　　　　　　　　　单位:元

年		凭证号数	摘要	外购材料	其他材料	直接人工	制造费用	合 计
月	日							

④ 开设"制造费用"明细账(2个);

制造费用明细账-1

车间：纺纱车间　　　　　　　　　　　　　　　　　　　　　　　　　　单位：元

年		凭证号数	摘要	机物料消耗	职工薪酬	折旧费	修理费	水电费	办公费	保险费	其他	合计
月	日											

制造费用明细账-2

车间：织布车间　　　　　　　　　　　　　　　　　　　　　　　　　　单位：元

年		凭证号数	摘要	机物料消耗	职工薪酬	折旧费	修理费	水电费	办公费	保险费	其他	合　计
月	日											

⑤ 登记"基本生产成本"总账及其明细账的期初余额；

⑥ 计算"主要材料领料单"的金额并填写完整；

⑦ 编制"发出材料及自制半成品汇总表"，计算棉纱纬纱、棉纱经纱、棉布经纱/纬纱100、棉布经纱/纬纱130和基本生产车间、辅助生产车间耗用原材料的费用数额（保留两位小数）。其中，单独耗用的材料直接计入"发料凭证汇总表"的各相关栏目中；共同耗用的材料先按定额费用比例法进行分配并编制"辅助材料费用分配表"，再计入"发出材料汇总表"的各相关栏目中。

辅助材料费用分配表-1

车间：纺纱车间　　　　　　　2005年6月　　　　　　　　　序号：001

产品品名	产量（吨）	共同消耗辅助材料费用总额			
		单位消耗定额	定额消耗量	分配率	应分配费用
纬纱					
经纱					
合计					

辅助材料费用分配表-2

车间：织布车间　　　　　　　2005年6月　　　　　　　　　序号：002

产品品名	产量（百米）	共同消耗辅助材料费用总额			
		单位消耗定额	定额消耗量	分配率	应分配费用
经纱/纬纱100					
经纱/纬纱130					
合计					

辅助材料费用分配表-3

车间：织布车间　　　　　　　2005年6月　　　　　　　　　序号：003

产品品名	产量（百米）	共同消耗辅助材料费用总额			
		单位消耗定额	定额消耗量	分配率	应分配费用
经纱/纬纱100					
经纱/纬纱130					
合计					

发出材料汇总表

际华三五四二纺织有限公司　　　2005年6月　　　单位：元

应借科目			应贷科目：原材料			
			主要材料	辅助材料	其他材料	合　计
基本生产成本	纺纱车间	纬纱				
		经纱				
		小　计				
	织布车间	经纱/纬纱100				
		经纱/纬纱130				
		小　计				
辅助生产成本		供电车间				
		供水车间				
		供气车间				
		小　计				
制造费用		纺纱车间				
		织布车间				
		小　计				
		合　计				

⑧ 根据"发出材料汇总表"及有关领料单编制转账凭证并登记开设的各总账及其明细账。

(四)实训要求

1. 实训形式

本实训由成本核算员1人独立完成。

2. 实训时间

本实训应该在不超过5个课时的时间内完成。

(五)实训心得及总结

按实训总结表的形式进行实训总结。

实 训 总 结

系别：　　　　　专业班级：　　　　姓名：　　　学号：　　　　指导教师：

第一部分　实训内容及时间安排回顾

1. 时间经历

2. 实训内容

第二部分　实训收获

第三部分　实训中发现自己在过去的学习中存在的不足

第四部分　实训感言

实训二　职工薪酬——工资实训

（一）实训目的

通过本次实训,学生要熟练掌握职工薪酬——工资的计算、汇总、分配的具体程序和步骤,特别要掌握将职工薪酬直接计入产品成本的方法。

（二）职工薪酬分配政策

际华三五四二纺织有限公司的具体工资政策如下所述。

1. 工资结构的组成

① 基准工资:员工的最低生活费标准。
② 岗位效益工资:工资的核心部分,坚持"四个"倾斜,体现同工同酬。
③ 年功补贴:依据工龄长短给予一定的补贴。

实行岗位效益工资后,公司根据实际情况制定了以下几种工资分配形式。

① 计件工资:对生产车间分品种核定产品单价,每月按产量核定工资总额给车间,车间再根据员工个人产量实际计件,实行同工同酬、多劳多得。
② 室部结合自己的生产经营特点和工作性质将岗位效益工资的全部与员工的劳动质量和数量挂钩浮动计发工资,工厂按百分制打分确定部室的考核分配基数,部室内部再依据各人岗位的不同,制定岗位考核细则并考核个人。

2. 工资结算标准

工资结算标准表　　　　　　　　　　单位:元

项　　目	单　　位	金　　额
中班费	每人每班次	1.00
夜班费	每人每班次	1.50
基准工资	每人每月	160.00
年功补贴	每人每年（按工龄）	5.00

3. 应付工资的计算

（1）车间管理人员

$$应付工资 = 岗位工资 \pm 考核加（扣）款$$

车间主要管理人员岗位工资为:主任1 000元,轮班长850元,记录工750元。

（2）车间工人

$$应付工资 = 计件工资 \pm 考核加（扣）款$$
$$计件工资 = 产量 \times 单价$$

考核款主要包括：质量加（扣）款，劳动纪律加（扣）款，其他方面加（扣）款等。

事假扣款计算方法：

$$管理人员的扣款 = 事假天数 \div 本月应出勤天数 \times （基准工资 + 岗位工资 + 年功补贴）$$

$$工人的扣款 = 事假天数 \div 本月应出勤天数 \times （基准工资 + 年功补贴）$$

病假扣款计算方法：

$$管理人员的扣款 = 事假天数 \div 本月应出勤天数 \times 岗位工资$$

工人实行计件工资，病假不扣款。

说明：每月应出勤天数按 22 天计算。

（三）职工薪酬核算的原始资料

1. 纺纱车间

纺纱车间个人产量记录及计件工资计算表

2005 年 6 月

姓名	品种	计量单位	产量	单价（元/千克）	计件工资
杜春	经纱	千克	569	0.396	225.32
	纬纱	千克	632	0.504	318.53
合　计			1 201		543.85

纺纱车间个人产量记录及计件工资计算表

2005 年 6 月

姓名	品种	计量单位	产量	单价（元/千克）	计件工资
邓秀	经纱	千克	635	0.396	251.46
	纬纱	千克	809	0.504	407.74
合　计			1 444		659.20

纺纱车间考勤统计表

2005 年 6 月   单位：天

岗位	姓名	出勤类别				缺勤类别	
		出勤	加班	中班	夜班	病假	事假
主任	夏军	22					
轮班长	刘洪	22		9	20		
记录工	周小丽	22		9	18		
工人	杜春	21		9	20	1	
工人	邓秀	21		9	18		1

纺纱车间考核扣款通知单

2005 年 6 月   单位：元

岗位	姓名	考核项目			
		质量	操作	劳动纪律	统计
主任	夏军				
轮班长	刘洪			－20.00	
记录工	周小丽				－10.00
工人	杜春	－20.00	－40.00		
工人	邓秀	－30.00	－20.00		

公司扣款通知单

2005 年 6 月   单位：元

姓名	房租	水费	电费
夏军		7.60	65.40
刘洪	5	1.70	7.70
周小丽		3.50	16.30
杜春	95	3.50	18.90
邓秀	85	2.20	23.20

职工工龄统计表

姓　名	工龄（年）
夏军	15
刘洪	20
周小丽	10
杜春	8
邓秀	6

纺纱车间工资结算单

2006年5月

单位:元

姓名	基准工资 ①	考核工资 ②	工龄补贴 ③	中班费 ④	夜班费 ⑤	加班费 ⑥	缺勤扣款 ⑦	应付工资 ⑧	房租 ⑨	水费 ⑩	电费 ⑪	养老金 ⑫	公积金 ⑬	实发工资 ⑭
夏军														
刘洪														
周小丽														
杜春														
邓秀														
…	…	…	…	…	…	…	…	…	…	…	…	…	…	…
合计	256 160.00	1 199 463.00	8 005.00	9 896.00	34 227.00		16 144.00	1 491 607.00	8 129.00	1 939.00	9 689.00	119 329.00	119 329.00	1 233 193.00

注:⑧＝①＋②＋③＋④＋⑤＋⑥－⑦;
⑭＝⑧－⑨－⑩－⑪－⑫－⑬;
⑫＝⑬＝⑧×8%

2. 织布车间

织布车间职工薪酬核算的原始资料同纺纱车间的原始资料。计算过程省略,不再列举工资结算单,只列示最终结果(见职工薪酬——工资结算汇总表)。本月织布车间应付工资总额为 1 041 608.00 元、代扣款项 183 221.00 元、实发工资 858 387.00 元。

3. 辅助生产车间

按上述口径和方法计算,本月应付供电、供水、供气 3 个辅助生产车间全体职工工资总额分别为 27 432.00 元、4 597.00 元、1 211.00 元。

职工薪酬——工资费用分配表

应借科目		成本项目	直接计入	分配计入			合计
				定额标准	分配率	分配金额	
基本生产成本	纬纱	直接人工					
	经纱	直接人工					
	经纱/纬纱 100	直接人工					
	经纱/纬纱 130	直接人工					
	小 计						
制造费用	纺纱车间	职工薪酬					
	织布车间	职工薪酬					
	小 计						
辅助生产成本	供电车间	直接人工					
	供水车间	直接人工					
	供气车间	直接人工					
	小 计						
合 计							

职工薪酬——工资结算汇总表

2006年5月

单位:元

部门	人员	职工人数	基准工资	考核工资	年功补贴	中班费	夜班费	缺勤扣款	应付工资	房租	水费	电费	养老金	公积金	实发工资
纺纱车间	生产工人	1 393	222 880	983 463	6 965	9 247	33 578	10 460	1 245 673	7 734	1 427	8 794	99 654	99 654	1 028 411
	管理人员	208	33 280	216 000	1 040	649	649	5 684	245 934	395	513	895	19 675	19 675	204 781
	小 计	1 601	256 160	1 199 463	8 005	9 896	34 227	16 144	1 491 607	8 129	1 939	9 689	119 329	119 329	1 233 193
织布车间	生产工人	1 121	179 360	767 911	5 605	7 631	20 893	9 907	971 493	5 612	1 623	8 123	77 719	77 719	800 696
	管理人员	63	10 080	62 748	315	313	526	3 867	70 115	459	104	644	5 609	5 609	57 691
	小 计	1 184	189 440	830 659	5 920	7 944	21 419	13 774	1 041 608	6 071	1 726	8 767	83 329	83 329	858 387
辅助生产车间	供电车间	25	4 000	21 945	125	190	500	672	27 432	155	34	230	2 195	2 195	22 623
	供水车间	4	640	3 600	25	30	90	212	4 597	25	6	38	368	368	3 792
	供气车间	1	160	969	5	8	20	49	1 211	6	2	10	97	97	999
	小 计	30	4 800	26 514	155	228	610	933	33 240	186	42	278	2 660	2 660	27 414
合 计		2 785	450 400	2 056 636	14 080	18 068	56 256	30 851	2 566 455	14 386	3 707	18 734	205 317	202 657	2 118 994

注:由于工资结算汇总表的宽度不够,所以元以后的角、分省略。

(四)实训程序

① 根据纺纱车间相关资料,计算夏军、刘洪、周小丽、杜春、邓秀等 5 人的应付工资及实发工资,并编制纺纱车间工资结算单。

② 根据"职工薪酬——工资结算汇总表"编制"职工薪酬——工资费用分配表"。

③ 根据"职工薪酬——工资费用分配表"编制记账凭证并登记开设的相关明细账。

(五)实训要求

1. 实训形式

本实训由成本核算员 1 人独立完成。

2. 实训时间

本实训应该在不超过 5 个课时的时间内完成。

(六)实训心得及总结

按实训总结表的形式进行实训总结。

实 训 总 结

系别：　　　　　专业班级：　　　　姓名：　　　学号：　　　　指导教师：

第一部分　实训内容及时间安排回顾

1. 时间经历

2. 实训内容

第二部分　实训收获

第三部分　实训中发现的自己在过去学习中存在的不足

第四部分　实训感言

实训三 其他费用分配实训

(一)实训目的

通过本次实训,学生要充分了解其他费用归集与分配的程序,熟练掌握其他费用直接或间接计入产品成本的方法。

(二)其他费用的主要内容

① 折旧费用。
② 除了折旧费以外的其他费用,如:邮电费、租赁费、印刷费、图书资料费、办公用品费、试验检验费、排污费、差旅费、保险费、交通补助费、利息、费用性税金等。

(三)其他费用的核算方法

根据这些费用的发生地点及用途,按照权责发生制原则,其他费用的核算方法如下。

① 有的应计入产品成本,借记"制造费用"账户;
② 有的应计入当期损益,借记"管理、财务、销售费用"账户;
③ 有的应记入"待摊、预提费用"账户。

(四)其他费用分配实训资料

际华三五四二纺织有限公司本月发生的与其他费用相关的资料如下所示。

1. 固定资产折旧费

折旧费用分配表

2005 年 6 月

应借科目	车间部门	本月固定资产折旧费
制造费用	纺纱车间	
	织布车间	
	小 计	
辅助生产成 本	供电车间	
	供水车间	
	供气车间	
	小 计	
管理费用	公司行政管理部门	
合 计		

固定资产折旧计算表

2005 年 6 月　　　　　　　　　　　　　　　　　　　　　　　　单位：元

部门及项目		月初固定资产原值	月折旧率	月折旧额
纺纱车间	房屋、建筑物	42 813 035.00	1.5‰	
	机器设备	136 770 674.00	6.4‰	
	运输工具	1 085 091.00	5.0‰	
	小　计			
织布车间	房屋、建筑物	55 898 061.00	1.5‰	
	机器设备	178 572 144.00	6.4‰	
	运输工具	1 416 729.00	5.0‰	
	小　计			
供电车间	房屋、建筑物	3 439 400.00	1.5‰	
	机器设备	7 254 984.00	6.4‰	
	小　计			
供水车间	房屋、建筑物	1 781 466.00	1.5‰	
	机器设备	1 670 125.00	6.4‰	
	小　计			
供气车间	房屋、建筑物	369 066.00	1.5‰	
	机器设备	778 500.00	6.4‰	
	小　计			
公司行政管理部门	房屋、建筑物	51 729 600.00	1.5‰	
	机器设备	1 347 125.00	6.4‰	
	小　计			
合　计				

2. 除折旧费以外的其他费用

① 6 月 9 日，填写转账支票一张支付业务招待费 16 000.00 元（500 元面额的发票共 32 张）。其中，公司行政管理部门应承担 10 000.00 元、纺纱车间应承担 3 000.00 元、织布车间应承担 2 000.00 元、供电车间应承担 1 000.00 元。

中国工商银行
转账支票存根（鄂）
支票号码 CH01：04356608
科　　目 _____
对方科目 _____
出票日期 2005 年 6 月 9 日

收款人	维多大酒店
金　额	￥16 000.00
用　途	招待费
	（李文军签收）

单位主管　　　会计

② 通过银行向中国太平洋财产保险股份有限公司襄樊市中心支公司支付2005年6月17日～2006年6月17日基本生产车间财产保险机损险综合险保费156 745.39元。其中,纺纱车间应承担52 248.46元、织布车间应承担104 496.93元。

湖 北 省 保 险 业 专 用 发 票
INSURANCE TRADE INVOICE OF HUBEI

中国太平洋财产保险股份有限公司　发票代码:242000530091
CHINA PACIFIC PROPERTY INSURANCE CO., LTD.　发票号码:00018293

开票日期:2005/06/17
Date of Issue

INVOICE

付款人: 襄樊三五四二纺织总厂
Payer
承保险种: 机损险
Coverage
保险单号:AWUHA5523405B000010W　　批单号:无
Policy No.　　　　　　　　　　　End No.
保险费金额:(大写)　人民币壹拾万零肆仟肆佰玖拾陆圆玖角叁分　RMB 104496.93
Premium Amount(In Words)　　　　　　　　　　　(In Figures)
附注:
Remarks

经手人: 满金珍(554)　　复核: 陈红　　保险公司签章
Handler　　　　　　　Checked by　　　Stamped by Insurance Company
地址: 湖北省襄樊市长征路118号　电话: 0710-3454402　（手开无效）
Add.　　　　　　　　　　　　　Tel.　　　　　　Not Valid If In Hand Written

湖北省保险业专用发票
INSURANCE TRADE INVOICE OF HUBEI

中国太平洋财产保险股份有限公司　发票代码:242000530091
CHINA PACIFIC PROPERTY INSURANCE CO., LTD.　发票号码:00018292

发票联
INVOICE

开票日期:2005/06/17
Date of Issue

付款人：襄樊三五四二纺织总厂	
Payer	
承保险种：财产保险综合险	
Coverage	
保险单号：AWUHA5502905B000019N　批单号：无	
Policy No.　　　　　　　　　　　End No.	
保险费金额：(大写) 人民币伍万贰仟贰佰肆拾捌圆肆角陆分　RMB 52248.46	
Premium Amount(In Words)　　　　　　　　　　　(In Figures)	
附注：	
Remarks	

第二联：发票联

经手人：满金珍(A55)　　复核：陈红　　保险公司签章
Handler　　　　　　　　Checked by　　　Stamped by Insurance Company

地址：湖北省襄樊市长征路118号　电话：0710-3454402　（手开无效）
Add.　　　　　　　　　　　　　　Tel.　　　　　　　　Not Valid If In Hand Written

中国农业银行
转账支票存根
$\frac{CH}{02}$ 04396680

科　　目 _____
对方科目 _____
出票日期 2005 年 6 月 20 日
收款人：太保产险襄樊中心支公司
金　　额：156745.39
用　　途：保险费
单位主管　贾跃先　会计

③ 以现金 504.00 元、银行存款 9 326.04 元为公司行政管理部门、纺纱车间、织布车间支付订阅 2005 年 6、7、8 共 3 个月的《人民日报》《湖北日报》《中国纺织报》《襄樊日报》《楚天都市报》报刊费 9 830.04 元。其中,公司行政管理部门应承担 6 302.04 元、纺纱车间应承担 3 024.00 元、织布车间应承担 504.00 元。

襄樊日报社报纸发行统一发票 鄂国税 F(2002)

客户名： No. 0102563
地 址：襄樊三五四二纺织厂　　自费/公费　　年 月 日

报纸名称	订阅份数	每份单价	起止订期				金 额							
			月	季	半年	全年	万	千	百	十	元	角	分
襄樊日报	18	168					¥	3	0	2	4	0	0

合计金额(大写)　⊗万叁仟零佰贰拾肆元零角零分　¥3 024.00

订户须知
1. 本发票必须复写,否则无效。
2. 未加盖本单位发票公章和收费员签名无效。

单位公章：　　　收款人：刘保忠

湖北日报报业集团订报专用发票

限额壹仟圆　超额和涂改无效　（仟元版）

开票日期　2005 年 01 月 08 日　(2005) No. 40376651

客户名	襄樊三五四二纺织厂	客户电话		
地 址	襄樊三五四二纺织厂			
品 名	起 止 期	单 价	数量	金 额
湖北日报	2006 年 1 月至 2006 年 12 月	252.00	2	5 0 4 0 0
金额大写	人民币:伍佰零拾肆元零角零分		订报电话	

开票：　　收款：　　复核：　　工号：

须知:1. 本票一次复写,发票未盖章、无收费人名章、涂改无效。
2. 本票一份只能限订(购)本公司代理的一种报刊(产品)。
3. 请妥善保存本票据以备查,楚天报刊发行总公司投诉咨询。
电话:(027)86792660　86778336

经办人　朱传永

襄樊市邮政通信业发票

发票代码：242060440101
发票号码：00152814

客户名称：襄樊三五四二纺织总厂
2005年06月23日

序号	经营内容	单位	数量	单价	金额 十万千百十元角分
	报刊费				￥6 3 0 2 0 4

金额（大写）：拾⊗万陆仟叁佰零拾贰元零角肆分　￥6 302.04

开票人：　　　　　　收款人：

④ 以银行存款支付基本生产车间设备修理费 26 676.92 元、增值税进项税额 4 532.08 元，共计 31 212.00 元。其中，纺纱车间应承担 9 543.59 元、织布车间应承担 17 133.33 元。

湖北增值税专用发票

4200043140　　No. 00963165

开票日期：2005年06月08日

购货单位	名　称：襄樊三五四二纺织总厂（国营襄樊针纺织厂）
	纳税人识别号：430606179314682
	地址、电话：湖北省襄樊市人民西路140号 0710-3119509
	开户行及账号：工行科技支行 180414009221005811

密码区：
+339--＞1/351359/56＊24　加密版本：01
＞＞7＊6＜0＞＜22+9-6＞64＞&　4200052140
19/+81＜＞＊+-＞25＞5106＜2
＊＜8+1+＊＞＞0+-01＞＞+＞＞7/　01165788

货物或应税劳务名称	规格型号	单位	数量	单价	金额	税率	税额
机械加工		工时	4458.8571	5.9829	26676.92	17%	
							4535.08
合　计					￥26676.92		4535.08

价税合计（大写）：⊗佰⊗拾叁万壹仟贰佰壹拾贰圆整　（小写）￥31212.00

销货单位	名　称：襄樊博佳实业有限责任公司	备注
	纳税人识别号：420606739140749	
	地址、电话：湖北省襄樊市人民路140号	
	开户行及账号：工行科技支行 18040140092000000172	

收款人：　　复核：牟珍　　开票人：柳芳　　销货单位：（章）

襄樊博佳实业有限责任公司
机修加工费汇总表

2005年6月30日

单位名称	正常维修		技术改造、设备安装		合计	无税金额	备注
	含税材料费	无税工时费	含税材料费	无税工时费			
纺纱车间	841.50	5 508.50			6 350.00	6 227.35	
	933.00	3 883.00			4 816.00	4 680.44	
织布车间	183.65	2 604.00			2 787.65	2 760.96	
	1 287.25	7 623.25			8 910.50	8 723.46	
	160.75	282.50			443.25	419.89	
动力处	500.00	1 100.00			1 600.00	1 527.35	
技术处							
设备处							
保卫处							
供销公司							
564子车间	843.00	1 616.50			2 459.60	2 337.47	
	4 749.25	22 617.75			27 367.00	26 676.92	

设备处审批:王平　　　　审核:李和平　　　　制表:张元才

⑤ 以现金支付纺纱车间本月办公电话费82.65元、织布车间本月办公电话费69.46元。

湖北省电信公司襄樊市分公司电信费用收费发票(04.3)

收费日期 湖北年 月 日　　No. 0314745

用户姓名	3542 纺纱车间	用户号码(申请单号)		
结算时间	2005/04/21—2005/05/20		合同号	1000169222
电话月租费 18.00　来电显示 5.00　市话费 49.01　国内长话费 10.14			
信息费　0.5				
本次余额　　　本次余额　　0　本次销账　82.65				
本次零头(负)　0.02				
金额(大写)	捌拾贰元陆角伍分		￥82.65	
备注	暑假电信宽带,150元超值体验。即日起至7月5日,只需150元即可申请电信网宽带激情体验至9月20日,固话和小灵通用户免费升级《电话录音机》新功能　拨打10000号　16612166 或到电信营业窗口申请即可。详情咨询10000。			

收费单位:　　　　　收款员:　　　　　流水号:

第一联:发票联

发票专用章
420606706903025

湖北省电信公司襄樊市分公司电信费用收费发票(04.3)

收费日期 湖北年 月 日　　No. 0314745

用户姓名	3542 织布车间	用户号码(申请单号)		
结算时间	2005/05/21—2005/06/20		合同号	1000162222
话月租费 18.00　来电显示费 5.00　市话费 43.45　国内长话费			
本次余额 68.54　本次余额　　0　本次销账　69.46				
本次零头(负)　-0.92				
金额(大写)	陆拾玖元肆角陆分		￥69.46	
备注	暑假电信宽带,150元超值体验。即日起至7月5日,只需150元即可申请电信网宽带激情体验至9月20日,固话和小灵通用户免费升级《电话录音机》新功能　拨打10000号　16612166 或到电信营业窗口申请即可。详情咨询10000。			

收费单位:　　　　　收款员:　　　　　流水号:

第一联:发票联

中国电信集团湖北省电信公司襄樊市分公司
发票专用章
420606706903025

⑥ 为纺纱车间、织布车间有关人员报销本月因公办事乘坐出租车费125元、180元，以现金支付（10元面额的发票共20张、5元面额的发票共21张）。

⑦ 以存款支付襄樊市金钟印刷厂为织布车间印刷标识卡发生的相关费用6 013.00元、增值税进项税额360.78元，共计6 373.78元。

4200042170			湖北增值税专用发票			No. 00185006		
代开						开票日期：2005 年 05 月 30 日		
购货单位	名称	襄樊三五四二纺织总厂（国营襄樊针纺织厂）				密码区	8>2452401>986>4437641 <4-509<97966+14*-6520 >5<52*57-59*-21</06<0 01-3018030+-01>>+>>90	加密版本：01 4200042170 00185006
	纳税人识别号：420606179314682							
	地址、电话：襄樊市人民西路140号 3119509							
	开户行及账号：工行科技支行军纺分 18040140092210005811							
货物或应税劳务名称	规格型号	单位	数量	单价	金额		税率	税额
印刷报表					6013.00		6%	360.78
合　计					￥6013.00			￥360.78
价税合计（大写）	⊗陆仟叁佰柒拾叁圆柒角捌分				（小写）￥6373.78			
销货单位	名称：襄樊市国家税务局樊城分局　（代开机关）				备注	代开企业税号 420602510824822 名称：襄樊市金钟印刷厂		
	纳税人识别号：42060600DK06033　（代开机关）							
	地址、电话：军贸市场63号 3119555							
	开户行及账号：00000000000000391072 （完税凭证号）							
收款人：		复核：		开票人：008		销货单位：（章）		

湖北省增值税专用销货清单

第二联:附于专用发票发票联　　　　　No. 0028710

销货单位:襄樊三五四二纺织总厂(国营襄樊针纺织厂)			开票日期:2005 年 05 月 30 日		
商品或劳务名称	计量单位	数量	单价	金额	税率(%)	税额
标识卡、梳棉标识卡	张	1770	0.10	177.00	6	10.62
月份把关、月份考核、细纱断头、调浆原始	本	40	6.00	240.00	6	14.40
粗纱分段	本	12	5.00	60.00	6	3.60
打包记录、个人月季、齿轮调换、收付存月报	本	289	3.00	867.00	6	52.02
物资到货登记、保卫科登记簿	本	182	4.00	728.00	6	43.68
前纺月份考核、棉卷均匀度试验	本	48	3.50	168.00	6	10.08
红色标签	本	300	0.30	90.00	6	5.40
补棉纱入库、信纸、半成品转移、领料单	本	550	2.50	1375.00	6	82.50
传票	本	112	2.00	224.00	6	13.44
钢扣维修账、返筒纱标签	张	5600	0.06	336.00	6	20.16
检查表	本	102	1.50	153.00	6	9.18
整经筒脚卡、本色布拼件单	本	627	1.00	627.00	6	37.62
三种高低压表、变压器运行记录表	张	5960	0.13	774.80	6	46.49
回花过磅单	本	42	4.60	193.20	6	11.59

▲不与专用发票同时使用无效▼

价税合计(大写) 陆仟叁佰柒拾叁圆柒角捌分		(小写)6373.78	
销货单位: 襄樊市金钟印刷厂		专用发票字轨号码	00185006

销货单位(盖章):财务专用章　　　开票人:008　　　(本清单手写无效)

(五)实训程序

① 计算并填写"固定资产折旧计算表";
② 填写"折旧费用分配表"并编制记账凭证;
③ 根据除折旧费以外的其他费用单据编制记账凭证;
④ 根据上述记账凭证,登记实训一开设的有关明细账,如"制造费用"明细账。

(六)实训要求

1. 实训形式

本实训由成本核算员 1 人独立完成。

2. 实训时间

本实训应该在不超过 5 个课时的时间内完成。

(七)实训心得及总结

按实训总结表的形式进行实训总结。

实 训 总 结

系别：　　　　专业班级：　　　姓名：　　学号：　　　指导教师：

第一部分　实训内容及时间安排回顾

1. 时间经历

2. 实训内容

第二部分　实训收获

第三部分　实训中发现的自己在过去学习中存在的不足

第四部分　实训感言

实训四 辅助生产费用归集与分配实训

（一）实训目的

通过本次实训，学生应熟练掌握辅助生产费用的计算、汇总、分配的具体方法、程序和步骤。

（二）辅助生产费用实训资料

际华三五四二纺织有限公司2005年6月份供电、供水、供气3个辅助生产车间本月发生的各项费用和支出除了已经在实训一、实训二、实训三中列示的项目外，尚有以下部分内容。

1. 外购材料（商品）

供电车间：从湖北省电力公司襄樊市樊城供电公司购进电力6 464 100度，金额2 952 828.91元（不含税价格）。

供水车间：从湖北省襄樊市开天热电有限责任公司购工业水96 092吨，金额78 897.30元（不含税价格）。

供气车间：从湖北省襄樊市热电厂购进蒸汽3 113.69吨，金额311 369.00元（不含税价格）。

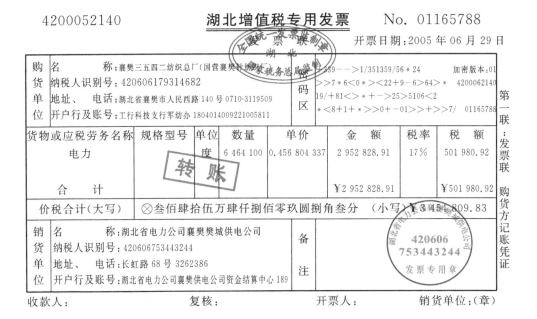

湖北省电力公司电费发票
(第二联:发票)

户号:0011808007　　收款日期:2005-06-23　　鄂国税(2004)No 03427274

户名	襄樊三五四二纺织总厂				地址	00022368 人民路168#		
款项性质	收费摘要增值税户正常电费 下账日期:2005-06-23 电费(年月):200506				代收机构			
用电信息及收费详情		平段	峰段	谷段	无功	收费项目	单价	金额
	止码	8452	2265	2683	2493			
	起码	8104	2184	2570	2382			
	倍率	8000			8000			
	电量	1232000	648000	904000				0.00
	有功变损							
	计费容量	5000		调整比例	−0.0075	计费电量	2784000	
	功率因数	95				农网维护	0.0188	52339.20
合计金额(大写):伍万贰仟叁佰叁拾玖元贰角					合计金额(小写):￥52339.20			

收费专章票据编号 7451566　　收款人:11052　　开票人:11052　　合同号:000118189

湖北省电力公司电费发票
(第二联:发票)

户号:0011089010　　收款日期:2005-06-23　　鄂国税(2004)No 03427273

户名	襄樊三五四二纺织总厂				地址	00021505 军纺路		
款项性质	收费摘要增值税户正常电费 下账日期:2005-06-23 电费(年月):200506				代收机构			
用电信息及收费详情		平段	峰段	谷段	无功	收费项目	单价	金额
	止码	85239						
	起码	84949						
	倍率	200						
	电量	11600						0.00
	有功变损							
	计费容量			调整比例		计费电量	11600	
	功率因数					农网维护	0.0188	218.08
合计金额(大写):贰佰壹拾捌元零捌分					合计金额(小写):￥218.08			

收费专章票据编号 7451565　　收款人:11052　　开票人:11052　　合同号:000118189

湖北省电力公司电费发票

（第二联：发 票）

户号：0011089010　　　收款日期：2005-06-23　　　鄂国税（2004）No 03427272

户名	襄樊三五四二纺织总厂	地址	00021505 军纺路

款项性质	收费摘要 增值税户正常电费 下账日期：2005-06-23 电费（年月：200506）	代收机构	

用电信息及收费详情		平段	峰段	谷段	无功	收费项目	单价	金额
	止码	10459	2842	3285	3358			
	起码	10169	2775	3188	3282			
	倍率	12000			12000			
	电量	1441166	761500	1107334				
	有功变损							0.00
	计费容量	11150			调整比例 -0.0075 计费电量 3310000			
	功率因数	97				0 农网维护	0.0188	62228.00

合计金额（大写）：陆万贰仟贰佰贰拾捌元整	合计金额（小写）：¥62228.00

收费专章票据编号 7451564　　收款人：11052　　开票人：11052　　合同号：000118189

湖北增值税专用发票

4200043140　　　　　　　　　　　　　　　No 01020855

开票日期：2005 年 06 月 06 日

购货单位	名　称	襄樊三五四二纺织总厂（国营襄樊针纺织厂）	密码区	1252*082/*4-48/6-6*+3 //-+2-*9 32->6+<7*<7> <560>94>*4/61423506<2 -907065>>0+-01>>+>>89	加密版本：01 4200043140 01020855
	纳税人识别号	420606179314682			
	地　址、电话	湖北省襄樊市人民西路 140 号 3119509			
	开户行及账号	工行科技支行军纺办 1804014009221005811			

货物或应税劳务名称	规格型号	单位	数量	单价	金　额	税率	税　额
工业水		吨	96092	0.82106	78897.30	6%	4733.84
合　　计					¥78897.30		¥4733.84

价税合计（大写）	⊗捌万叁仟陆佰叁拾壹圆壹角肆分	¥83631.14

销货单位	名　称	襄樊开天热电有限责任公司
	纳税人识别号	420601730886245
	地　址、电话	襄樊市樊城区振华路 1 号 3120269
	开户行及账号	樊西农行振华分理处 455901040000225

收款人：吴卫国　　复核：朱洁　　开票人：杨柳　　销货单位：（章）

4200052140	湖北增值税专用发票		No 01157687			
			开票日期:2005年06月22日			

购货单位	名　　　称:襄樊三五四二纺织总厂(国营襄樊针纺织)	密码区	19>1630<987361*9134-6 ++84317+>383225-<13-7 */>*/53<0/164-94906<0 +-31-//>>0+-01>>+>>+2	加密版本:01 4200052140 01157687
	纳税人识别号:420606179314682			
	地址、　电话:湖北省襄樊市人民西路140号 0710-3119509			
	开户行及账号:工行科技支行军纺办 1804014009221005811			

货物或应税劳务名称	规格型号	单位	数量	单价	金　额	税率	税　额
六月用气		吨	3113.6900	100.00	311369.00	13%	40477.97
合　　　计					¥311369.00		¥40477.97
价税合计(大写)	⊗叁拾伍万壹仟捌佰肆拾陆圆玖角柒分				(小写)¥351846.97		

销货单位	名　　　称:襄樊市热电厂	备注
	纳税人识别号:420606179510237	
	地址、　电话:襄樊市振华路1号 0710-3114697	
	开户行及账号:建行樊城支行营业部 050304012230111412	

收款人:　　　　　　复核:刘晓云　　　　开票人:燕榕　　　　销货单位:(章)

中国银行
转账支票存根
$\frac{D}{0}\frac{H}{2}$ 01578738

科　　目 _____
对方科目 _____
出票日期 2005年6月20日

收款人:襄樊开天热电有限责任公司
金　额:83 631.14
用　途:6月水费

单位主管　　　　会计　关卫国

中国银行
转账支票存根
$\frac{D}{0}\frac{H}{2}$ 01578736

科　　目 _____
对方科目 _____
出票日期 2005年6月19日

收款人:市热电厂
金　额:351 846.97
用　途:6月气费

单位主管　　　　会计　杨明华

2. 辅助生产车间产品供应的对象及数量
具体情况详见以下辅助生产费用分配表。

辅助生产费用分配表

2005 年 6 月   单位：元

项目		供电（度）			供水（吨）			供气（吨）			合计
		消耗数量	单价	金额	消耗数量	单价	金额	消耗数量	单价	金额	
基本生产成本	纺纱车间	2 435 405									
	织布车间	2 776 952						1 658.83			
制造费用	纺纱车间	507 491			27 867			145.60			
	织布车间	374 167			41 050			149.85			
管理费用	公司行政管理部门	370 085			27 175			1 159.41			
合计		6 464 100			96 092			3 113.69			

基本生产车间辅助生产费用分配表-1

车间：纺纱车间   2005 年 6 月

应借科目		单位消耗定额	定额消耗量	分配率	应分配的费用
基本生产成本	纬纱				
	经纱				
合 计					

基本生产车间辅助生产费用分配表-2

车间：织布车间   2005 年 6 月

应借科目		单位消耗定额	定额消耗量	分配率	应分配的费用
基本生产成本	经纱/纬纱 100				
	经纱/纬纱 130				
合 计					

（三）实训程序

① 根据实训资料编制记账凭证并登记"辅助生产成本"总账及明细账；

② 汇总"辅助生产成本"各明细账中本月发生额及余额,确定其各自应当对外分配的费用总额;

③ 计算并填写"辅助生产费用分配表"(采用直接分配法);

④ 将纺纱车间、织布车间负担的辅助生产费用按定额消耗量比例法在各自生产的不同产品之间进行再分配;

⑤ 根据辅助生产费用分配表及纺纱车间、织布车间负担的辅助生产费用再分配表编制记账凭证并登记开设的"基本生产成本"、"辅助生产成本""制造费用"总账及明细账;

⑥ 对"辅助生产成本"总账及明细账按规定进行结转。

(四)实训要求

1. 实训形式

本实训由成本核算员1人独立完成。

2. 实训时间

本实训应该在不超过5个课时的时间内完成。

(五)实训心得及总结

按实训总结表的形式进行实训总结。

实 训 总 结

系别：　　　　　专业班级：　　　　姓名：　　　学号：　　　　指导教师：

第一部分　实训内容及时间安排回顾

1. 时间经历

2. 实训内容

第二部分　实训收获

第三部分　实训中发现的自己在过去学习中存在的不足

第四部分　实训感言

实训五 制造费用实训

(一)实训目的

通过本次实训,学生应熟练掌握制造费用的计算、汇总、分配的具体方法、程序和步骤。

(二)制造费用实训资料

际华三五四二纺织有限公司纺纱车间、织布车间 2005 年 6 月所发生的制造费用如实训一、实训二、实训三、实训四资料所述。

(三)实训程序

① 对纺纱车间、织布车间的"制造费用"总账和明细账进行汇总,求出其本月发生额及余额;

② 编制"制造费用分配表",按定额成本比例法将纺纱车间本月发生的"制造费用"、织布车间本月发生的"制造费用"分别在本车间所生产的两种棉纱和两种棉布之间进行分配;

制造费用分配表-1

车间:纺纱车间　　　　　　　　　2005 年 6 月

应借科目		单位消耗定额	定额消耗量	分配率	应分配的费用
基本生产成本	纬纱				
	经纱				
合　计					

制造费用分配表-2

车间:织布车间　　　　　　　　　2005 年 6 月

应借科目		单位消耗定额	定额消耗量	分配率	应分配的费用
基本生产成本	经纱/纬纱 100				
	经纱/纬纱 130				
合　计					

③ 根据"制造费用分配表"编制记账凭证并登记"基本生产成本"总账及明细账;

④ 根据"制造费用分配表"编制的记账凭证登记"制造费用"总账和明细账并进行结转。

(四)实训要求

1. 实训形式

本实训由成本核算员 1 人独立完成。

2. 实训时间

本实训应该在不超过 5 个课时的时间内完成。

(五)实训心得及总结

按实训总结表的形式进行实训总结。

实 训 总 结

系别：　　　　　专业班级：　　　　姓名：　　　学号：　　　指导教师：

第一部分　实训内容及时间安排回顾

1. 时间经历

2. 实训内容

第二部分　实训收获

第三部分　实训中发现的自己在过去学习中存在的不足

第四部分　实训感言

第五章 产品成本计算方法实训

实训一 生产费用在完工产品与在产品之间的分配

(一)实训目的

通过本次实训,学生应熟练掌握生产费用在完工产品与在产品之间的分配程序、方法和步骤。

(二)实训资料

际华三五四二纺织有限公司"基本生产成本——纺纱车间(纬纱)"、"基本生产成本——纺纱车间(经纱)"两个明细账 2005 年 6 月发生的所有生产费用如第四章的实训一、实训二、实训三、实训四、实训五资料中所述。

(三)实训程序

① 将"基本生产成本——纺纱车间(纬纱)"、"基本生产成本——纺纱车间(经纱)"两个明细账的生产费用进行汇总,求出其生产费用累计数;

② 将"基本生产成本——纺纱车间(纬纱)"明细账的生产费用累计数按照"在产品按所耗原材料费用计价法"在本工序完工产品与在产品之间进行分配,求出本工序完工产品成本;

③ 将"基本生产成本——纺纱车间(经纱)"明细账的生产费用累计数按照"在产品按所耗原材料费用计价法"在本工序完工产品与在产品之间进行分配,求出本工序完工产品成本;

④ 填写"自制半成品入库单",将棉纱纬纱、经纱的完工产品作为"自制半成品"验收入库并结转"基本生产成本"总账及明细账;

⑤ 棉纱纬纱、经纱的完工产品及在产品数量、定额成本资料详见本书第三章中"实训案例企业"的第(十)、(十一)项所示。

自制半成品(产成品)入库单

存放地点:1号成品库　　　　　2005 年 6 月　　　　　　　计量单位:吨

生产车间	产品名称(规格)	入库数量	单位成本	总成本
纺纱车间	棉纱(纬纱)			
	棉纱(经纱)			
合　　计				

(四)实训要求

1. 实训形式

本实训由成本核算员 1 人独立完成。

2. 实训时间

本实训应该在不超过 5 个课时的时间内完成。

(五)实训心得及总结

按实训总结表的形式进行实训总结。

实 训 总 结

系别：　　　　专业班级：　　　　姓名：　　　学号：　　　　指导教师：

第一部分　实训内容及时间安排回顾

1. 时间经历

2. 实训内容

第二部分　实训收获

第三部分　实训中发现的自己在过去学习中存在的不足

第四部分　实训感言

实训二 逐步结转分步法——综合结转法实训

(一)实训目的

通过本次实训,学生应熟练掌握逐步结转分步法——综合结转法的特点、计算程序、步骤、方法。

(二)实训资料

际华三五四二纺织有限公司纺纱车间、织布车间 2005 年 6 月发生的全部生产费用如第四章的实训一、实训二、实训三、实训四、实训五、第五章的实训一资料所述,另外,织布车间本月为生产产品领用自制半成品情况如下。

(1)棉布经纱/纬纱 100

本期共领用棉纱 310 000 千克,其中,经纱棉纱 95 000 千克、纬纱棉纱 215 000 千克,详见自制半成品领料单 001 号。

自制半成品领料单

日期:2005 年 6 月 1 日　　　　　　　　　　序号:001

领料部门:织布车间			用途:生产棉布经纱/纬纱 100		
物资名称	规格型号	单位	数量	单价(元)	金额(元)
自制半成品棉纱	经纱	千克	95 000	22.87	2 172 650.00
自制半成品棉纱	纬纱	千克	215 000	23.91	5 140 650.00
合　　计			310 000		7 313 300.00

车间主管:张军　　　　　　发料人:李工农　　　　　　领料人:刘文章

(2)棉布经纱/纬纱 130

本期共领用棉纱 309 678 千克,其中,经纱棉纱 105 678 千克、纬纱棉纱 204 000千克,详见自制半成品领料单 002 号。

自制半成品领料单

日期:2005年6月1日　　　　　　　　　　　　　　　　　序号:002

领料部门:织布车间			用途:生产棉布经纱/纬纱130		
物资名称	规格型号	单位	数量	单价(元)	金额(元)
自制半成品棉纱	经纱	千克	105 678	22.87	2 416 443.00
自制半成品棉纱	纬纱	千克	204 000	23.90	4 875 890.00
合　　计			309 678		7 292 333.00

车间主管:张军　　　　　发料人:李工农　　　　　领料人:刘文章

(三)实训程序

① 根据"自制半成品领料单"编制记账凭证;

② 根据记账凭证,登记"基本生产成本"总账及"基本生产成本——织布车间(经纱/纬纱100)、基本生产成本——织布车间(经纱/纬纱130)"明细账;

③ 将"基本生产成本——织布车间(经纱/纬纱100)"、"基本生产成本——织布车间(经纱/纬纱130)"两个明细账中的所有生产费用进行汇总,求出其生产费用累计数;

④ 将"基本生产成本——织布车间(经纱/纬纱100)"、"基本生产成本——织布车间(经纱/纬纱130)"两个明细账所归集的生产费用按照"在产品按所耗原材料费用计价法"在完工产品与在产品之间进行分配,求出完工产品成本;

⑤ 填写"产成品入库单",将棉布经纱/纬纱100、经纱/纬纱130的完工产品验收入库并结转"基本生产成本"总账及明细账;

产成品入库单

存放地点:2号成品库　　　　　2005年6月　　　　　　计量单位:百米

生产车间	产品名称(规格)	入库数量	单位成本	总成本
织布车间	棉布经纱/纬纱(100)			
	棉布经纱/纬纱(130)			
合　　计				

⑥ 棉布经纱/纬纱100、经纱/纬纱130的完工产品及在产品数量、定额成本资料详见本书第三章中"实训案例企业"中第(十)、(十一)项所示。

(四)实训要求

1. 实训形式

本实训由成本核算员 1 人独立完成。

2. 实训时间

本实训应该在不超过 5 个课时的时间内完成。

(五)实训心得及总结

按实训总结表的形式进行实训总结。

实 训 总 结

系别：　　　　专业班级：　　　姓名：　　　学号：　　　指导教师：

第一部分　实训内容及时间安排回顾

1. 时间经历

2. 实训内容

第二部分　实训收获

第三部分　实训中发现的自己在过去学习中存在的不足

第四部分　实训感言

第六章 成本报表编制实训

(一)实训目的

通过本次实训,学生应熟练掌握成本报表编制的程序和方法。

(二)实训资料

际华三五四二纺织有限公司棉纱、棉布的成本资料如第四章的实训一、实训二、实训三、实训四、实训五以及第五章的实训一、实训二资料所述。

(三)实训程序

根据上述资料,完成际华三五四二纺织有限公司 2005 年 6 月商品产品成本表、主要产品单位成本表、制造费用明细表的编制工作。

说明:激烈的市场竞争迫使该公司不断创新,因此该公司的主要产品均不是可比产品,学生在练习成本报表的编制时应当注意这一点。

制造费用明细表

2005 年 6 月   金额单位:元

项目	行次	上年实际	本年计划	本年实际
工资	1			
其他职工薪酬	2			
折旧费	3			
修理费	4			
办公费	5			
水电费	6			
机物料消耗	7			
劳动保护费	8			
季节性停工损失	9			
保险费	10			
其他	11			
合　　计				

商品产品成本表

产品名称	计量单位	实际产量		单位成本				本月总成本			本年累计总成本		
		本月	累计	上年实际平均	本年计划	本月实际	本年累计实际平均	按上年实际平均单位成本计算	按本年计划单位成本计算	本月实际	按上年实际平均单位成本计算	按本年计划单位成本计算	本年实际
		①	②	③	④	⑤=⑨÷①	⑥=⑫÷②	⑦=①×③	⑧=①×④	⑨	⑩=②×③	⑪=②×④	⑫
产品成本合计													

主要产品单位成本表

2005年6月

金额单位:元

产品名称	规格	计量单位	产量		直接材料				直接人工				制造费用				产品单位成本			
			本月实际	本年累计实际	历史先进水平	上年实际平均	本年计划	本月实际	本年累计实际平均	历史先进水平	上年实际平均	本年计划	本月实际	本年累计实际平均	历史先进水平	上年实际平均	本年计划	本月实际	本年累计实际平均	历史先进水平	上年实际平均	本年计划	本月实际	本年累计实际平均
①	②	③	④	⑤	⑥	⑦	⑧	⑨	⑩	⑪	⑫	⑬	⑭	⑮	⑯	⑰	⑱	⑲	⑳	㉑	㉒	㉓	㉔	㉕

(四)实训要求

1. 实训形式

本实训由成本核算员 1 人独立完成。

2. 实训时间

本实训应该在不超过 3 个课时的时间内完成。

(五)实训心得及总结

按实训总结表的形式进行实训总结。

实 训 总 结

系别：　　　　专业班级：　　　姓名：　　　学号：　　　指导教师：

第一部分　实训内容及时间安排回顾

1. 时间经历

2. 实训内容

第二部分　实训收获

第三部分　实训中发现的自己在过去学习中存在的不足

第四部分　实训感言

图书在版编目(CIP)数据

成本会计实训/姜海华,蒋明东主编. —武汉：华中科技大学出版社,2007.6(2023.2重印)
ISBN 978-7-5609-4047-2

Ⅰ.①成… Ⅱ.①姜… ②蒋… Ⅲ.①成本会计-高等学校-教材 Ⅳ.①F234.2

中国版本图书馆CIP数据核字(2007)第080820号

成本会计实训　　　　　　　　　　　　　　　　姜海华　蒋明东　主编

责任编辑：谢燕群
封面设计：潘　群
责任校对：张　梁
责任监印：朱　玢
出版发行：华中科技大学出版社(中国·武汉)　　电话：(027)81321913
　　　　　武汉市东湖新技术开发区华工科技园　　邮编：430223
录　　排：禾木图文工作室
印　　刷：武汉邮科印务有限公司
开　　本：710mm×1000mm　1/16
印　　张：8.75
字　　数：162千字
版　　次：2023年2月第1版第11次印刷
定　　价：16.80元

本书若有印装质量问题,请向出版社营销中心调换
全国免费服务热线：400-6679-118　　竭诚为您服务
版权所有　侵权必究